키즈아이콘은 아이들의 꿈과
생각을 키우는 신나고 재미있는
책을 만듭니다.

뽀로로 동화책 시리즈는 E-BOOK, AUDIOBOOK으로도 만나 보실 수 있습니다. E-BOOK과 AUDIOBOOK은 〈교보 ebook〉, 〈네이버 오디오클립〉 등에서 검색해 보세요.

뽀로로의 꾀병

키즈아이콘

뽀로로와 크롱이 썰매를 타러 나왔어요.
"크롱, 크롱크롱!"

"크롱이 썰매를 운전하고 싶다고?"
"크롱, 뽀요요."
"음, 알겠어. 대신 조심해야 해!"

신이 난 크롱은 뽀로로를 태우고 빠르게 썰매를 몰았어요.
"크롱, 천천히! 내리막길은 위험해!"

빠르게 내려가던 썰매가 흔들리자 뽀로로가 그만
썰매에서 떨어졌어요.
뽀로로는 언덕 아래의 나무에 부딪혀
다리를 다치고 말았어요.

9

뽀로로는 다친 다리에 붕대를 감았어요.
"아야, 아야!"

샌드위치
크림 케이크
초코쿠키
"크롱!"
"다리가 나을 때까지 뭐든 다 시키라고?
으음, 맛있는 게 먹고 싶은데……."

크롱은 다리를 다쳐
움직이지 못하는 뽀로로를
수레에 태워 루피네 집으로 갔어요.

"뽀로로, 많이 먹고 빨리 나아."
"고마워. 맛있겠다! 크롱, 아⋯⋯."
"크롱이 먹여 주는 거야?"
"응! 다리가 나을 때까지 크롱이 다 해주기로 했어."

냠냠

"크롱! 샌드위치!"

"크롱! 쿠키!"

"크롱! 케이크도."

쩝쩝

"여기 입에 크림이 묻었잖아!
빨리 닦아 줘."
크롱은 뽀로로의 시중을 드느라
하나도 먹지 못했어요.

다음 날이 되었어요.
"이제 안 아파! 다 나았나 봐. 붕대를 풀어야지…….
잠깐, 그럼 이제 크롱이 내가 시키는 대로 안 하는 거잖아?"

"흠……. 다 나았다고
솔직하게 말할까?"
"아냐, 아냐. 편하고 좋은데
그냥 계속 아픈 척하자!"

뽀로로와 크롱은 함께 연을 날리러 나왔어요.
크롱은 뽀로로를 수레에 태우고 낑낑 언덕 위로 올라갔어요.
"크롱크롱……!"
'헤헤, 역시 계속 아픈 척하길 잘했어.'

뽀로로와 크롱은 높이높이 연을 날렸어요.
그런데 센바람이 불어 연이 툭 끊어져 버렸어요.
"으아! 어떡해……. 크롱, 연 좀 잡아 봐."

크롱!

조심해
크롱!

크롱은 연을 잡으려고
힘껏 달렸어요.
"조심해, 크롱!"

달려가던 크롱은 눈길에 미끄러져 절벽 끝에 매달리게 되었어요.
"으아, 어떡해! 크롱이 떨어지겠어!"

‘크롱을 어떻게 구하지……?’
뽀로로는 다리에 감고 있던 붕대를 발견했어요.
“맞다! 붕대가 있었지?”

뽀로로는 붕대를 풀어 크롱에게 내려 주었어요.
붕대는 긴 밧줄이 되었어요.
"크롱! 붕대를 꽉 잡아!"
붕대를 잡은 크롱이 조금씩 위로 올라왔어요.

영차 영차!

"휴우, 크롱! 괜찮아?"
"크롱크롱, 다리는?"
크롱은 뽀로로의 다친 다리를 걱정했어요.

"아, 이거……. 사실은 다 나았어."
"크롱!"
"크롱이 도와주는 게 좋아서 아픈 척했어.
정말 미안해, 크롱."

"용서해 줘. 대신 이제 내가 크롱을 태워 줄게! "
"크롱?"
"자, 수레에 타! 그럼, 출발! 최고 속도로!"
"크롱크롱!"

뽀로로! 이제 꾀병을 부리지 않을 거죠?
"네!"

뽀로로의 꾀병

2019년 12월 15일 초판 1쇄 발행 | 2025년 5월 30일 초판 9쇄 발행

전자책 ISBN 978-89-6413-426-9

발행인 최종일 **발행처** (주)아이코닉스 **기획** 키즈아이콘
총괄책임 서현수 **편집책임** 박정은 **편집** 장보원 조윤수 김예진 이유진
디자인 김미선 이순영 권혜원 경희정 **3D제작** 스튜디오 게일
제작책임 신초희 **제작관리** 이수란 김미래 김세미
마케팅책임 김미경 **마케팅** 이창열 서연지 심동수 이경재 이미나 지승한 송호성 이지연 **E-Book** 김지현
주소 경기도 성남시 분당구 판교로 255번길 64 **고객 센터** 1566-0855
출판등록 2008년 11월 4일(제 2014-000009호) **홈페이지** www.iconix.co.kr
뽀롱뽀롱 뽀로로ⓒICONIX/OCON/EBS/SKbroad band
ⓒ2019 ICONIX Co., Ltd. All rights reserved. Printed in Korea.